Charlotte Laetsch-Bregenzer

Elternbriefing

Eine praxisorientierte Handreichung für Klassenlehrer/-innen der Grundschule

Persen Verlag GmbH

Persen

Gedruckt auf umweltbewusst gefertigtem,
chlorfrei gebleichtem und alterungsbeständigem
Papier.
Nach den seit 2006 amtlich gültigen Regelungen der
Rechtschreibung.

1. Auflage 2009

Illustrationen: Joachim Kühn
Satz: Grafik-Design Joachim Kühn, joek.de

ISBN 978-3-8344-**3391**-6
www.persen.de

Inhalt

Kopiervorlagen:
* für Eltern
° für Kinder
*° für Eltern und Kinder
auf den jeweiligen Seiten
oben gekennzeichnet:
für Eltern
für Kinder
für Eltern und Kinder

Vorwort

Der Schulalltag ist oft hektisch. Viele Probleme beschäftigen Eltern[1] und Lehrkräfte gleichermaßen. Ein „Dauerbrenner" sind dabei die Hausaufgaben.

Wir wünschen uns pflegeleichte, lernwillige, fleißige und selbstständige Kinder, die alles spielend und von allein bewältigen. Viele Eltern möchten sich selbst verwirklichen, ihrem Beruf nachgehen und haben wenig zusätzliche Energie für ihre Kinder. Meine Erfahrungen zeigen, dass vieles, was früher vom Elternhaus geleistet wurde, heute an die Schule delegiert wird. Oft liegen die Nerven der Eltern blank, wenn das Kind sich nicht genau so verhält, wie die Eltern es sich wünschen.

Auf der andern Seite sind es die Lehrkräfte, die immer mehr zu bewältigen haben und nicht selten nach wenigen Jahren ausgebrannt sind. Beratungskompetenz ist gefragt. Fordernde Eltern verlangen schnell eine Lösung für ein Problem.

In diesem Buch werden die hauptsächlichsten Probleme rund um Hausaufgaben im Schüleralltag zusammengestellt. In Kopiervorlagen, die die Lehrkraft den Eltern abgeben kann, werden Lösungsvorschläge aufgezeigt.

Dieses Buch soll eine systematische Hilfe für Eltern sein, aber auch eine Hilfe für Kinder, die die Schule nicht mögen, die Hausaufgaben aber trotzdem erledigen müssen.

Die vorliegenden Lösungsansätze sind während meiner Tätigkeit als Klassenlehrerin in vielen Jahren erprobt. Wenn die Lehrkraft und die Eltern Punkt für Punkt die anstehenden Probleme erkennen und die vorliegenden Vorschläge umsetzen, wird sich die Situation bald entspannen. Das Kind wird zufriedener und die Eltern werden zuversichtlicher. Auch der Schulalltag für die Lehrkraft wird angenehmer. So können alle von den gesammelten Ideen profitieren.

Das Buch ist eine Handreichung für Lehrkräfte, Sozialpädagogen und Schulpsychologen im Umgang mit den zu beratenden Eltern, damit die Beratung einfacher und effektiver wird.

[1] Wir sprechen in dem Buch von Eltern, selbstverständlich sind damit auch alle anderen Erziehungsberechtigten angesprochen.

Zum Schulstart

Für einen guten Schulstart

Manchmal ist die Entscheidung, ob man ein Kind einschulen soll oder eher nicht, recht schwierig. Alle Beteiligten wünschen sich einen optimalen Start für das Kind. Im Folgenden habe ich Ihnen einige Begriffe zusammengestellt, die ich als Basis des Lernerfolges betrachte. Diese Basisfunktionen sollten beim Schulstart des Kindes entwickelt sein. Wenn sie in den Anfängen ausgebildet sind, so kann die Schule darauf aufbauen und das Lernen gelingt. Anhand der Kopiervorlage können Sie mit den Eltern überlegen, ob das Kind über genügend gute Bedingungen zur Einschulung verfügt.

1

Die **Orientierung** im Raum, in der näheren Umgebung und im Tagesablauf, ist eine gute Voraussetzung für die Einschulung. (Siehe Seite 8/ Abschnitt 1– die einzelnen Punkte helfen, das Kind besser einzuschätzen.)

2

Soziales Interesse lässt sich unter anderem fördern, indem das Kind lernt, Menschen in seiner Umgebung wahrzunehmen und kennenzulernen oder wiederzuerkennen. (Siehe Seite 8/ Abschnitt 2– hier finden Sie die Fragen für die Eltern dazu.)

3

Die **Konzentration** ist eine Grundvoraussetzung zum Wahrnehmen und Lernen und sie kann trainiert werden. Ein Kind soll sich einige Zeit ruhig verhalten können. Ebenfalls ist es nötig, dass es kurze Zeit auf etwas warten kann oder sich mit einer Sache beschäftigen kann. (Siehe Seite 8/ Abschnitt 3)

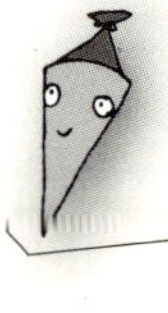

4

Aufmerksamkeit und Gedächtnis kann ebenfalls geübt werden. Es gibt gute Trainingsprogramme fürs Elternhaus und für die Schule. Man kann aber auch ohne spezielle Programme erfolgreich sein. Fangen Sie zum Beispiel mit einfachen Aufträgen an das Kind an und steigern Sie beim Gelingen auf bis zu fünf Informationen pro Auftrag. Achten Sie auf eine einfache Satzstellung. (Siehe Seite 9/ Abschnitt 4)

5

Die **Serialität** ist Voraussetzung fürs Ordnen und Kategorisieren. Die Fähigkeit, Abfolgen zu erkennen, gehört ebenfalls dazu. Darum ist es wichtig, dass das Kind sortieren lernt. Schweifen mit den Augen und Übersicht gewinnen über einen Raum oder eine Bodenfläche ist eine Entwicklungsphase. Die Figur-Grund-Wahrnehmung wird entwickelt. Girlanden herstellen, Perlen aufreihen, Mandalas legen (vielleicht auch im Wald mit selbst gesammeltem Material), fördert Ihr Kind in diesem Bereich. Wenn Sie sich bewusst sind, dass Sie Serialität fördern wollen, finden Sie überall Bastel- oder Spielideen.
(Siehe Seite 9/ Abschnitt 5)

Alle diese Kompetenzen (Orientierung, soziales Interesse, Konzentration, Aufmerksamkeit, Speicherung und Serialität) sind Grundbausteine fürs weitere Lernen. Von Jahr zu Jahr baut das Kind seine Kompetenzen aus. Es muss an die Aufträge aus der Schule denken, all sein Material in Ordnung halten, Termine einhalten, immer länger konzentriert still sitzen können, längere und komplexere Sätze verstehen und umsetzen lernen usw. Darum ist es wichtig, dass es eine solide Grundlage hat.

Für Schulanfänger: Wach und bewusst leben

1

Orientierung

Mein Kind weiß, wo seine Jacke ist.
Mein Kind findet beide Schuhe.
Mein Kind weiß, wo das Sicherheitsdreieck ist.
Mein Kind weiß, wo seine Schultasche ist.
Mein Kind weiß, wo seine Sportsachen sind.
In der Schule legt es seine Sachen an die dafür vorgesehenen Stellen.

2

Soziales Interesse

Mein Kind kennt seinen Namen.
Mein Kind kennt den Namen der Lehrkraft.
Mein Kind will seine Klassenkameraden kennenlernen. Es interessiert sich für ihre Namen.

3

Konzentration

Mein Kind kann etwa 10 Minuten still sitzen.
Mein Kind kann zuhören.
Mein Kind kann aufs Essen warten.
Mein Kind bleibt während einiger Zeit in ein Spiel vertieft.

4 *Aufmerksamkeit und Speicherung*

Mein Kind kann einen einfachen Auftrag ausführen.

Beispiele: *Schließ bitte die Tür! Hol dir einen Stuhl!* (Das sind zwei Informationen, die das Kind umsetzen muss.)
Wasch dir bitte die Hände am Waschtisch.
(Das sind bereits drei Informationen.)
Packen Sie nicht zu viele Informationen in einen Satz. Bilden Sie besser mehrere Sätze. Das ist fürs Kind einfacher. Lassen Sie das Kind wiederholen, wenn Sie denken, dass es nicht alles verstanden hat. Auch dieses Training kann man spielerisch machen. Sobald Sie originelle oder etwas außergewöhnliche Aufträge geben, ist das Kind voll dabei.

Mein Kind kann sich Bilder merken, z.B. beim Memory.
Mein Kind kennt die Farben.
Mein Kind kann mit einer Schere umgehen.

5 *Serialität*

Mein Kind kann beim Aufräumen die Sachen sortieren, legt Gleiches zu Gleichem. Es merkt, dass Puppengeschirr in die Puppenküche gehört und Puppenkleider zu den Puppen. Spielzeug gehört in die Kiste, Bücher ins Regal. (Das sind schon Vorübungen für das Erkennen von Oberbegriffen.)
Mein Kind hat die Übersicht über den Boden und findet fehlende Teile von Spielen.

Selbstverständlich sind diese Ausführungen weder abschließend noch umfassend. Beobachtungsmöglichkeiten gibt es im Alltag viele. Sie müssten sich nur auf das Beobachten des Kindes einstellen.

Elternverhalten

Elternverhalten

Machen Sie sich als Lehrkraft ein Bild vom jeweiligen Elternhaus. Hören Sie den Eltern genau zu, wenn sie Ihnen ihre Probleme schildern. Schreiben Sie diese auf und erstellen Sie eine Prioritätenliste der häufigsten Schwierigkeiten. Notieren Sie ebenfalls mögliche Vorschläge für Maßnahmen zur jeweiligen Schwierigkeit. Überlegen Sie, welche Maßnahmen die Eltern umsetzen könnten und welche Maßnahmen eher in der Schule umsetzbar sind.

Wie setzen Sie die Vorschläge um? Eltern sollen Ihre Vorschläge, die Sie als Kopien abgeben, als eine Art Hausaufgaben-Nanny ansehen, als Ratschläge für verschiedene Alltagssituationen.
Nehmen Sie sich wenig vor. Einen Punkt aus diesem Heft pro Woche umzusetzen, hilft schon sehr. Nächste Woche nehmen Sie sich einen andern Punkt vor. Mit der Zeit entspannt sich die Situation und das Kind und Sie fühlen sich zufriedener.

Die Lehrkraft ist den Eltern behilflich, Beobachtungspunkte zu formulieren.
Es wird nur ein Punkt auf einmal über eine bestimmte Dauer beobachtet. Dieser Punkt ist sehr individuell. Er wird im Beobachtungsplan für Eltern festgehalten.
Sie schreiben gemeinsam mit den Eltern einen vereinbarten Punkt in die Zeile „Was ich beobachte“ (Siehe Beobachtungsblatt, Seite 14). Zum Beispiel bei einem Kind, das immer trödelt nach der Schule: *Wann kommt Marco nach der Schule nach Hause?* Sie ermuntern die Eltern, jeden Tag die genaue Zeit aufzuschreiben, wann ihr Kind nach der Schule zu Hause eintrifft. Nach einer Woche oder der vereinbarten Zeit besprechen Sie den Beobachtungsplan mit den Eltern und dem Kind. Sie setzen gemeinsame Ziele: *Marco ist immer eine halbe Stunde nach der Schule zu Hause.*
Wiederum notieren die Eltern, später auch das Kind, ob das Ziel erreicht wurde.

Weitere Beispiele:
Das Kind verweigert das Mittagessen.
Festhalten an welchen Tagen, nach welchen Ereignissen.

Am Nachmittag nach der Schule ist das Kind weinerlich.
Genau festhalten an welchen Tagen und nach welchen Ereignissen.

Das Kind bringt die Materialien zum Hausaufgabenlösen nicht nach Hause.
Wann und nach welchen Ereignissen?

Nach Ablauf der Beobachtungsphase analysieren Sie den Beobachtungsbogen. Sie stellen zum Beispiel fest, dass das Kind immer am Dienstag nach dem Turnen weinerlich ist. Eventuell beobachten Sie erneut. Hat das Kind möglicherweise Streit im Umkleideraum? Ist es überanstrengt von der Sportstunde? Sobald Sie den Grund wissen, kann sich die Situation schon entspannen, weil Sie möglicherweise eine einfache Lösung finden.
Wenn die Erwachsenen herausfinden, warum ein Kind etwas tut, lässt sich eher Abhilfe schaffen.

Zusammenfassende Hinweise:

☺ Geben Sie als Lehrkraft oder als Eltern dem Kind klare Anweisungen für sein Verhalten. Verwirren Sie es nicht mit zu vielen Vorgaben.

☺ Bleiben Sie konsequent.

☺ Halten Sie Versprechen ein.

☺ Überziehen Sie niemals die vereinbarte Zeit.

☺ Zeigen Sie Verständnis für das Kind.

☺ Erklären Sie dem Kind, warum es etwas tun muss. Dabei kann es vorkommen, dass Sie mit dem Kind sogar ins «Philosophieren» kommen, was vertrauensfördernd wirken kann. Vielleicht kann es sogar selber formulieren, weshalb es zum Beispiel lesen üben soll.

☺ Sagen Sie dem Kind, dass jeder Erwachsene auch Pflichten hat, zum Beispiel Sie als Lehrkraft pünktlich zur Schule erscheinen müssen oder die Eltern Zeit zum Kochen brauchen, damit es etwas zu essen gibt oder dass der Arzt das gebrochene Bein gipsen muss, auch wenn er gerade lieber Ferien machen würde.

Beobachten Sie sich selbst!

- Geben Sie dem Kind klare Anweisungen. Verwirren Sie es nicht mit zu vielen Vorgaben.
- Bleiben Sie konsequent.
- Halten Sie Versprechen ein.
- Überziehen Sie niemals die vereinbarte Zeit.
- Zeigen Sie Verständnis für das Kind.
- Schildern Sie dem Kind Ihre Situation und bitten Sie es um Verständnis. Erklären Sie, warum Sie was fordern.

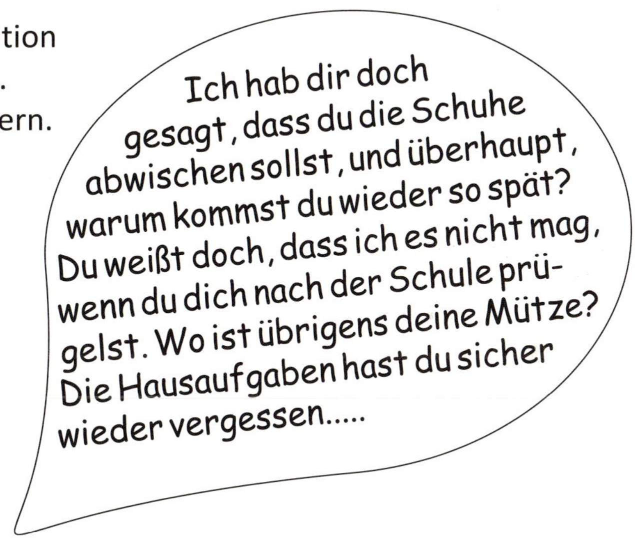

Beobachtungsplan für Eltern

Was ich beobachte: Datum:

Montag	Dienstag	Mittwoch	Donnerstag	Freitag	Samstag	Sonntag

Zur Situation des Kindes

Befinden des Kindes

Beachten Sie als Lehrkraft, in welcher familiären Situation sich das Kind befindet:

- ☺ Ist es ein überbehütetes Einzelkind, das verhätschelt und darum nicht selbstständig ist?

- ☺ Wird das Kind zu Hause überfordert, weil es ständig kleinere Geschwister hüten muss und selbst keine ruhige Ecke für sich hat?

- ☺ Wird in der Familie auf eine gesunde Ernährung geachtet?
  Könnten sich Mängel in der Ernährung auf das Verhalten und die Leistung auswirken?
  Ist es ein schwaches, bleiches Kind, das vielleicht unter einem Mangel an Vitaminen oder Spurenelementen leidet und zum Arzt geschickt werden muss?
  Akut blutarme Kinder sind bleich und lustlos.
  Sie sind nicht leistungsfähig und stressen ihr Umfeld, weil sie meist auch übel gelaunt sind. Da gilt es, die medizinische Maßnahme vor der pädagogischen zu ergreifen!

- ☺ Schläft das Kind ausreichend oder ist es oft müde?

Geben Sie den Eltern ein Beobachtungsblatt (Seite 14).
Lassen Sie sie zum Beispiel über einen Zeitraum von 1 bis 2 Wochen aufschreiben, wie viel das Kind schläft, wenn ständiger Schlafmangel das Problem sein könnte.

Lassen Sie pro Blatt jeweils einen Beobachtungspunkt über einen bestimmten Zeitraum festhalten.
Entnehmen Sie die Beobachtungspunkte der Liste, die die Lehrkraft und die Eltern gemeinsam erstellt haben.
(Anregungen dazu finden Sie auf dem Blatt „Beobachtungen zur Gesundheit des Kindes“ – Seite 18)

Kinder mit besonderem Förderbedarf

Eine Schulklasse besteht aus vielen individuellen Persönlichkeiten. Als Lehrkraft möchten Sie jedem Kind gerecht werden. Kinder mit Aufmerksamkeitsdefizit-/Hyperaktivitätsstörung (ADHS), die auch als Aufmerksamkeitsdefizit-/Hyperaktivitätssyndrom bezeichnet wird, oder mit Aufmerksamkeitsdefizitstörung (ADS), Legasthenie, Dyskalkulie, graphomotorischen Problemen, psychomotorischen Auffälligkeiten gehören in zusätzliche Therapie. Auch minderbegabte und hochbegabte Kinder müssten eine zusätzliche Förderung erhalten. Je nach Schultyp werden solche Angebote integrativ angeboten. Meist sind jedoch außerschulische Einrichtungen aufzusuchen.

Kinder mit individuellen Störungen oder Auffälligkeiten brauchen intensive Zuwendung. Eine gute Zusammenarbeit unter den Verantwortlichen, gemeinsame Absprachen und eine gute Strukturierung des Alltags helfen jedem Kind, dem gesunden Kind zur Bewältigung des Alltags wie auch Kindern mit Lernschwierigkeiten und Behinderungen. Jedes Kind muss im Rahmen seiner eigenen Möglichkeiten Verantwortung tragen lernen, auch Kinder mit besonderem Förderbedarf.

Beobachtungen zur Gesundheit des Kindes

Dieses Blatt gehört zum Beobachtungsplan. Es kann ergänzt werden durch individuelle Fragen, die Lehrkraft und Eltern besprochen haben.

- ☺ Wann ist das Kind müde?
- ☺ Ist es oft müde?
- ☺ Ist es bleich und weinerlich?
- ☺ Hat es einen Kummer?
- ☺ Hören Sie Ihrem Kind geduldig zu?
- ☺ Sieht es sich vor dem Schlafengehen aufregende Filme an?
- ☺ Leidet es unter Streit?
- ☺ Schläft es 8-10 Stunden täglich?
- ☺ Ist es jeden Tag an der frischen Luft?
- ☺ Bewegt es sich draußen mit Freude?
- ☺ Hat es eine ausgewogene Ernährung?
- ☺ Braucht es eventuell mehr Vitamine oder Spurenelemente, um leistungsfähiger zu werden?
- ☺ Haben Sie einen Arzt oder Apotheker/ Drogisten gefragt?

Hausaufgaben und Geschwister

Bei den Hausaufgaben gilt:

Kein Lärm, kein Fernseher, keine elektronischen Medien, keine Hintergrundmusik! Nur so kann sich Ihr Kind konzentrieren und innerhalb einer angemessenen Zeit seine Aufgaben bewältigen.

Kleinere Geschwister spielen in einem andern Raum!

Wenn kleinere Geschwister im Zimmer bleiben, dann sollten sie leise sein: zeichnen, sich Bücher anschauen oder still etwas bauen. Sie können auch ruhig am selben Tisch zeichnen, was oftmals nach einer Einübungsphase gelingt.
Die kleineren Kinder werden so bereits aufs Lösen ihrer eigenen späteren Aufgaben vorbereitet, sollten aber genau wissen, dass sie nicht stören dürfen.

Wenn das Schulkind nicht allein im Zimmer arbeitet, sollte ein Elternteil in der Nähe sein, damit die Geschwister nicht stören. Auch ältere Geschwister müssen auf die jüngeren Rücksicht nehmen: Man kann von ihnen ebenso verlangen, dass sie nicht stören.

Lernbedingungen

Lernbedingungen und Lerntechnik (1)

Eine positive Lernumgebung und optimale Bedingungen am Arbeitsplatz zu Hause wie in der Schule sind die Basis für erfolgreiches Lernen.

Beobachten Sie einige Zeit das Kind genau und analysieren Sie, was es braucht.

- Verfügt es über das richtige Material? (siehe Vorschläge in diesem Buch) Weiß es, wo es sich das Material zum Lernen beschaffen kann?
- Kann es die Schulfächer auseinanderhalten?
- Hat es eine Übersicht über den Schulstoff in den einzelnen Schulfächern?
- Ist es in der Lage, die Aufgabenmenge auf die einzelnen Tage zu verteilen?

Haben Sie herausgefunden, was es benötigt, so erstellen Sie eine Prioritätenliste.

Verfahren Sie wie bei den Beobachtungen zum Befinden des Kindes und behandeln Sie Punkt für Punkt, damit Sie das Kind und sich nicht überfordern.

Lassen Sie die Eltern Punkt für Punkt diese Liste umsetzen. Suchen Sie in diesem Buch die entsprechenden Kopiervorlagen als Stütze für die Eltern.

Falls das Kind eine „ellenlange Strafenliste“ hat, die es kaum in der Lage ist neben den üblichen Aufgaben abzutragen, so geben Sie ihm „Amnestie“. Wagen Sie einen Neuanfang. Alle werden Ihnen dankbar sein. Insbesondere das Kind!

Beispiele:
Vielleicht hat das Kind zu Hause keinen günstigen Arbeitsplatz.
Machen Sie einmal einen Besuch beim Kind und beraten Sie hinsichtlich der Einrichtung des Arbeitsplatzes. Es kann schon genügen, dass Sie den Stuhl umstellen, damit das Kind keine direkte Sicht auf den Fernseher hat. Noch besser ist es, wenn das Kind in einem Raum ohne Fernseher arbeitet.

Lernbedingungen

Lernbedingungen und Lerntechnik (2)

Viele Eltern sind mit der Ordnung ihrer Kinder überfordert. Räumen Sie wöchentlich in der Schule den Arbeitsplatz mit den Kindern auf und zeigen Sie ihnen, wo man was am besten hinlegt, damit man ungehindert und zügig arbeiten kann. Lassen Sie die Dinge immer gleich wegräumen, das gibt Sicherheit.

Machen Sie das Kind zu Ihrem Verbündeten.
Kinder helfen gern und alles läuft reibungsloser.

Weitere Hinweise:
Wenn Sie mit den Kindern gemeinsam die Spielecke aufräumen, sind sie viel motivierter dabei. Man kann sogar spielerisch aufräumen, zum Beispiel indem man die Kinder verloren gegangene Teile eines Puzzles suchen lässt und anschließend den „Finder des Tages“ krönt.
Zeigen Sie den Kindern Ordnungshilfen, wie man die Sachen sortiert, Gleiches zu Gleichem legt oder Kategorien bildet. Lassen Sie Spielzeuge komplettieren, zählen Sie Karten ab, suchen Sie verloren gegangene Teile. Das alles sind Vorstufen zum Lernen. Sogar Aufräumen mit Kindern kann Spaß machen, wenn man es freudvoll inszeniert.

Kennen Ihre Kinder Memorierungsformen?
Man räumt nicht nur im Zimmer auf. Auch im Kopf kann man die Dinge ordnen. Zeigen Sie dem Kind, dass es Dinge, die es sich merken soll, im Geiste fotografieren kann und anschließend in eine „fiktive Schublade“ in seinem Kopf ablegt (vielleicht seines Lieblingsschrankes). Später lässt sich das Gespeicherte besser hervorholen.
Vielleicht suchen Sie selbst noch andere Memorierungsformen.
Zu Lerntechniken kann man sich auch in den Medien (Literatur/ Fernsehen) informieren.

Arbeitsvorbereitung

- *Hausaufgabenheft aufschlagen und nachlesen, welche Arbeitsmaterialien für die Hausaufgaben gebraucht werden.*
- *Federmappe/Etui überprüfen: Radiergummi und Anspitzer vorhanden? Bleistifte angespitzt, Tintenpatrone aufgefüllt?*
- *Nachschlagewerke bereitlegen*
- *Sämtliche Materialien wie individuelles Lernheft, Hefte, Lesepfeil, Regelhefte, Worttabellen, Duden usw. dazulegen.*

Schultasche und Etui

Tipps für Eltern:

- Jedes Kind ist dankbar, wenn ihm jemand hilft, seine Sachen in Ordnung zu halten.
- Schauen Sie regelmäßig in die Schultasche Ihres Kindes. So sehen Sie, was fehlt, defekt oder unordentlich ist.
- Sie finden so auch Mitteilungen und Arbeiten aus der Schule, die Ihr Kind vergessen hat, Ihnen zu zeigen.
- *Maßnahme-Vorschlag bei wiederholt fehlenden Hausaufgaben:*
  Eine befristete Zeit lang (1-2 Wochen) zeigt das Kind vor dem Heimweg sein Hausaufgabenheft unaufgefordert der Lehrkraft, welche überprüft, ob die Aufgaben im Aufgabenheft stehen und die Schultasche vollständig gepackt ist. Bitten Sie die Lehrkraft darum.
- Das Hausaufgabenheft ist immer in der Schultasche. Es pendelt zwischen Schule und Elternhaus.
- Die Blätter sind in den richtigen Mäppchen abgelegt. Deutschblätter gehören ins Deutsch-Mäppchen, Matheblätter ins Mathe-Mäppchen und Sachunterrichtblätter ins Sachunterricht-Mäppchen.
- Das Etui ist kontrolliert und komplettiert in der Schultasche. Fehlende Sachen werden stets ergänzt.

Schulsachen

Kleine Tipps:

Lege nach den Hausaufgaben alles Material für den nächsten Tag gleich in die Schultasche.

Spitze abgebrochene Bleistifte und Farbstifte sofort wieder an. Es macht mehr Spaß, mit schön gespitzten Stiften zu schreiben.

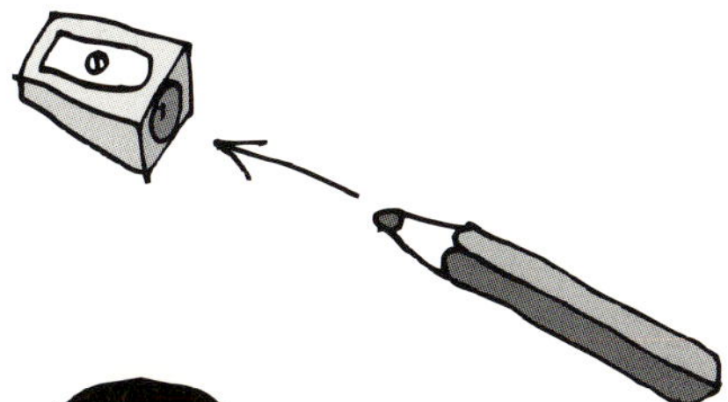

Spitze deine Stifte niemals in die Schultasche. Benutze einen Becher oder den Papierkorb.

Abfälle, zerknülltes Papier und angebissene Brote gehören nicht in die Schultasche!

Gib deinen Eltern alle Mitteilungen der Lehrerin oder des Lehrers ab.

Kontrolliere täglich den Inhalt deiner Pausenbrotbox und wasche sie aus.

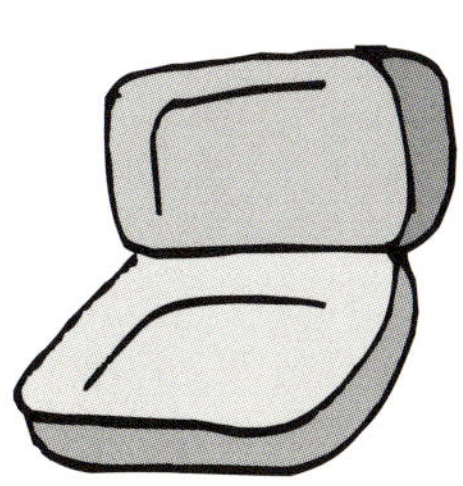

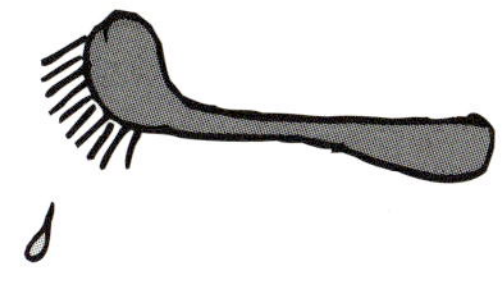

Arbeitsplatz

Der Arbeitsplatz zu Hause ist wichtig für das Kind. Wenn es sich da wohl fühlt, gelingt ihm das Arbeiten besser.

Achten Sie bitte auf Folgendes:

- ***Saubere leere Tisch- oder Schreibtischfläche***
- ***Gut gelüftetes Zimmer***
- ***Ruhe: keine Musik, kein Fernseher, keine sonstigen Medien (wie iPod…), kein Lärm***
- ***Schulsachen sind bereit gelegt, alles benötigte Material ist greifbar***
- ***Angenehme Raumtemperatur***
- ***Gute Beleuchtung***

Arbeitstechnik

- *Suche einen sauberen Platz zum Arbeiten! Wenn es möglich ist, sollte es immer der gleiche Arbeitsplatz sein.*

- *Schau im Hausaufgabenheft nach, was du erledigen musst.*

- *Lege fest, was du zuerst erledigst und was du anschließend tust.*

- *Lege die entsprechenden Hefte, Bücher und Nachschlagewerke zurecht, damit du die Arbeit nicht unterbrechen musst.*

- *Schau auf die Uhr oder stell den Timer, damit du weißt, wie lange du arbeitest.*

- *Bleib dran, trödle nicht. Dann bist du schneller fertig.*

- *Löse eine Aufgabe nach der andern, fang nicht alle gleichzeitig an.*

- *Streiche in deinem Hausaufgabenheft durch, was du erledigt hast oder markiere es farbig, damit du es noch lesen kannst.*

So machen Hausaufgaben Spass

Löse Aufgaben, die du nicht magst oder die schwierig sind, möglichst zuerst, so lange du noch nicht müde bist.

Wenn du einige schwierige Aufgaben gelöst hast, kannst du zur Abwechslung Aufgaben lösen, die dir besser liegen. Am Schluss sind alle Aufgaben gelöst und du bist zufriedener.

Du kannst dich auch mit einem Kaugummi oder anderen feinen Sachen belohnen, wenn du die schwierigen Aufgaben gelöst hast.

Wenn es dir schwer fällt, stell dir vor, wie schön es ist: Morgen in der Schule hast du alles richtig! Die Lehrerin lobt dich. Und vor allem: Mit deinen Eltern hast du keinen Ärger.

Lerntipps

PC-Lernprogramme

Gute Lernsoftware findet man in Ludotheken (Spieleverleih), Bibliotheken, Buchhandlungen oder im Internet. Angaben zu Fach und Klasse beachten!

Lernhefte

In Kaufhäusern und Buchhandlungen finden Sie Lernhefte für verschiedene Fächer und Klassenstufen. Die Hefte sind unterschiedlich gestaltet. Lassen Sie Ihr Kind selbst ein Heft auswählen.

Internet

Wenn Sie zu Hause über Internet verfügen, so finden Sie viele Online-Übungen für Ihr Kind. Achten Sie darauf, dass Ihr Kind im Internet nicht ungehindert surfen kann. Stellen Sie den Computer kindersicher ein! Wenn möglich, den Computer nicht im Kinderzimmer aufstellen.

Arbeitsblätter

In der Schule hat Ihr Kind viele Arbeitsblätter gelöst. Es soll sie vor Lernkontrollen nach Hause nehmen, die Resultate abdecken und einige Aufgaben davon nochmals lösen – so haben Sie als Eltern Gewähr, dass das Kind am passenden Stoff arbeitet und Sie müssen nicht mühsam selbst Übungsmaterial beschaffen, wenn die Lehrkraft kein zusätzliches mehr zur Verfügung stellt. Es versteht sich von selbst, dass nur die Arbeitsblätter nochmals bearbeitet werden, bei denen das Kind Schwierigkeiten hat. Man sollte auch nur ausgewählte Aufgaben bearbeiten, um das Kind nicht zu überfordern.

Heft

In einem leeren Heft sollte Ihr Kind aufschreiben, was es von einem bestimmten Fach oder den wichtigsten Fächern wie Mathe, Deutsch, Sachunterricht noch weiß. Es soll Wichtiges auswendig notieren, zum Beispiel was in der Schule an der Tafel stand. Dieses bewusste Erinnern hilft, das Gedächtnis zu verbessern und Lernergebnisse zu festigen.

Zeitmanagement

Zeitmanagement beim Wochenplan

Viele Kinder haben Schwierigkeiten mit der Zeiteinteilung beim Wochenplan.
Als Lehrkraft unterstützen Sie das Kind, indem Sie einen Arbeitsplan vorschlagen.

Sie zeigen, wie man die Arbeit vernünftig einteilt. Am besten machen Sie das am Anfang mit der ganzen Klasse. Verlangen Sie von den schwächeren Kindern, dass sie sich an Ihren Vorschlag halten. Gehen Sie folgendermaßen vor: An der Wandtafel, am besten an der Seitenwand, damit die Tafel frei bleibt für anderes, zeichnen Sie einen Stundenplan auf. Sie können ihn auch mit Packklebeband aufkleben, dann bleibt er erhalten, wenn Sie nächste Woche wieder etwas einschreiben wollen, können Sie über das Band wischen.

Sie notieren alle Schultage und je einen Abschnitt für den Vormittag und den Nachmittag. Besprechen Sie mit den Kindern die günstigste Verteilung der Aufgaben auf die ganze Woche. Nun schreiben Sie an der Wandtafel die Aufgaben in die entsprechenden Felder ein. Es ist wichtig, dass Sie zusammen mit den Kindern die Lösung diskutieren. Sie wählen die günstigste Variante aus. Die Kinder tragen Ihre Vorgaben ins Hausaufgabenheft ein.

Helfen Sie beim Packen der Schultasche oder machen Sie Kontrollen, damit die Aufgaben zu Hause auch wirklich gelöst werden können.
Es ist frustrierend für Eltern, wenn sie mit ihrem Schützling arbeiten wollen und das Material fehlt. Gerade schwächere Kinder haben weder Material noch Zeit im Griff. Auch das muss gelernt sein. Durch die oben beschriebene Vorgehensweise lernen die Kinder, selbst Verantwortung für ihre Hausaufgaben zu übernehmen. So lernen sie allmählich, eine Woche zu überblicken.

Mein Wochenplan

Zeit	Montag	Dienstag	Mittwoch	Donnerstag	Freitag	Samstag	Sonntag

In diesem Plan können schulische und außerschulische Aktivitäten eingetragen werden. Das zeigt deutlich die Gesamtbelastung des Kindes, das heißt, wie viel ein Kind gefordert ist, sodass daraus Schlussfolgerungen zu ziehen sind.

Hinweis: Die Anzahl der besuchten Vereine sollte bei Grundschülern begrenzt sein. Ein Training zwischen 18.00 Uhr und 21.00 Uhr müsste eine Ausnahme bleiben.

Zeiteinteilung

Schauen Sie regelmäßig ins Hausaufgabenheft!

Legen Sie eine geeignete Übungszeit am Tag fest:
zum Beispiel immer 10 Minuten lesen nach dem Mittagessen / vor dem Schlafengehen oder 5 Minuten eine Einmaleinsreihe üben vor dem Spielen.
Es lassen sich so jeden Tag zwei Seiten Sachunterrichtstext durchlesen vor einer Lernkontrolle oder über einige Tage hinweg ein Gedicht einüben usw. Denken Sie daran: Jeden Tag ein wenig üben hilft mehr als einmal in der Woche ganz lange!

Stellen Sie einen Wecker, Timer oder die Backofenuhr.
Die Zeit einhalten, nicht überschreiten!

Verteilen sie Tages-, Wochen- oder Quartalsaufgaben und tragen Sie sie ins Hausaufgabenheft ein.
Jeder hält sich dann an diese „Abmachung" im Hausaufgabenheft.
Am besten: Zu Hause einen Stundenplan aufhängen und die Übungszeiten eintragen.

Der Übungsplan für zu Hause

Woche vom____________________ Was ich übe:____________________

Zeit	Montag	Dienstag	Mittwoch	Donnerstag	Freitag

Selbstverantwortung

Entwicklung der Selbstverantwortung

Selbstverantwortung zu tragen kann man lernen. Dazu braucht das Kind feste Strukturen und unbedingte, vertraute Sicherheit. Wenn ein Kind selbst Verlässlichkeit erlebt, so kann man sich sehr bald auch auf dieses Kind verlassen.

Oft fehlen im Elternhaus die Strukturen. Es fehlen gemeinsame Mahlzeiten zu festgelegten Zeiten. Es gibt kein Gute-Nacht-Ritual, kein Geburtstagsritual. .. Nirgendwo erfährt es Grenzen. Das Kind ist manchmal verloren und allein gelassen.
Umso wichtiger ist es, Rituale und Strukturen in der Schule vorzuleben und die Eltern darauf hinzuweisen, dass geregelte Tagesabläufe stark mithelfen, dass die Kinder eigenverantwortlich werden.

Werkstattarbeit gelingt nur mit Selbstdisziplin. Es ist günstig, wenn Lehrkräfte und Eltern das Kind ermuntern, möglichst viele der angebotenen Arbeitsblätter und Aufgaben zu lösen. Meist entspricht das von der Lehrkraft angegebene Minimum einer nur genügenden Note. Eltern wollen aber meist mehr und Kinder können meist auch mehr leisten.

Überlegen Sie sich als Lehrkraft folgenden Punkt:
Die Trainingszeit zu Hause soll gut in den Tagesablauf eingeplant werden. Man soll sich fragen, wann zum Beispiel das Kind am besten 10 Minuten laut vorliest. Es ist günstig, wenn auch jemand zuhört und eventuell Korrekturen anbringt. Besprechen Sie diesen Punkt mit den Eltern und vereinbaren Sie einen vernünftigen Zeitpunkt zum Üben, der zur jeweiligen Familie passt, zum Beispiel am Morgen, bevor man mit dem Hund Gassi geht. (Ist unter Umständen günstig für Frühaufsteher.)

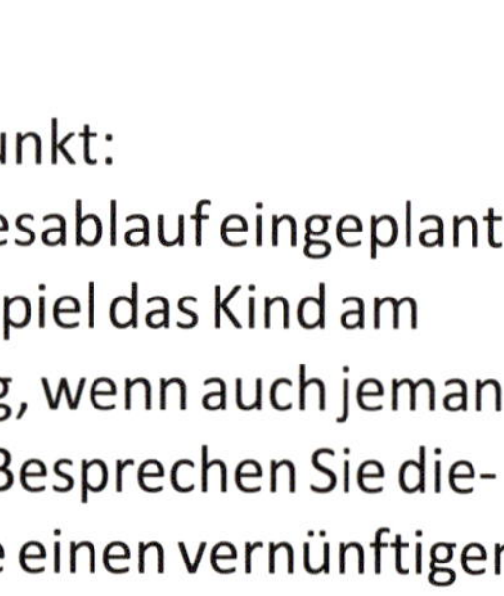

Nehmen Sie immer die gleiche Zeit. Einer anderen Familie passt besser die Zeit kurz vor dem Schlafengehen des Kindes. Wieder eine andere Familie möchte, dass das Kind über den Mittag übt. Wichtig ist, dass aus solchen Zeiten ein kleines Ritual wird, dann gibt es nämlich weniger Diskussionen.

Selbstverantwortung fördern (1)

Das ist ganz wichtig, das wissen Sie. Aber wie fördert man als Eltern Schritt für Schritt, dass mein Kind lernt, Verantwortung für die sorgfältige Erledigung der Hausaufgaben zu übernehmen oder das Sportzeug nicht zu vergessen?
Man sollte gemeinsam mit dem Kind überschaubare, abrechenbare Regeln aufstellen und sie entsprechend formulieren beziehungsweise schriftlich festhalten.

Haben Sie Ihr Kind vor der Schule daran erinnert, gut aufzupassen?
Sie können auch hin und wieder das Kind – bevor es zur Schule geht – fragen, was Sie jetzt gleich sagen würden.
Beispiel: Stell dir vor, du seist die Mami. Was würde die jetzt noch sagen?
Oft genügt es auch, das Kind fragend anzusehen. Da kann die Antwort kommen:
Ich weiß, ich muss aufpassen. Das ist wie ein kleines Ritual.

Ist Ihrem Kind klar, dass es zu Hause weniger arbeiten muss, wenn es in der Schule alles gewissenhaft erledigt?
Wenn es mit den Hausaufgaben mal gut läuft, machen Sie Ihr Kind darauf aufmerksam, dass eben darum alles gut geklappt hat, weil es in der Schule dran dachte, alles einzupacken und an den Arbeitsblättern schon viel gearbeitet hatte.
Zeigen Sie ihm den Zusammenhang zwischen seinem Verhalten und seinen Hausaufgaben auf.
Fragen Sie das Kind eventuell auch, warum es glaube, dass heute alles so glatt mit den Hausaufgaben ging.

Selbstverantwortung fördern (2)

Geben Sie Ihrem Kind nach der Schule eine Mahlzeit bzw. Zwischenmahlzeit und genügend zu trinken?
An der Regelmäßigkeit, mit der Sie für eine Mahlzeit für Ihr Kind sorgen, kann es erfahren, dass auch Sie Ihre Aufgaben gewissenhaft erledigen, also Verantwortung tragen.
Ich sagte zu meinen Kindern, es sei meine Pflicht, für sie gut zu sorgen. Sie fanden es toll, dass auch Eltern Pflichten haben.
Im Übrigen gibt es mit hungrigem Magen weniger gute Leistungen.
Wenn das Kind älter ist, muss es selbst für seine Zwischenmahlzeit verantwortlich sein. Sie haben sie nur eingekauft.

Beginnt Ihr Kind nach der Mahlzeit oder einer kleinen Pause unverzüglich mit den Hausaufgaben?

Hält sich Ihr Kind an Abmachungen?
Kinder verstehen „Wenn-dann" – Bedingungen sehr schnell.
Zum Beispiel:
Wenn du deine Hausaufgaben zügig erledigst, bleibt noch genügend Zeit, um deine Freunde zu teffen.
Reden Sie mit Ihrem Kind.

Fünf-Finger-Regel: PANDA

An deiner Hand kannst du schauen, ob du an alles gedacht hast, damit dir die Schule gelingt. Es sind fünf wichtige Dinge:

P ***1. Daumen***
Pass in der Schule gut auf!
Schau auf deine Arbeit und schwatze nicht.

A ***2. Zeigefinger***
Arbeite konzentriert und zügig!
Stell dir vor, du seist so schnell wie ein Jaguar.

N ***3. Mittelfinger***
Schreibe alle Hausaufgaben ins Hausaufgabenheft, auch bereits in der Schule erledigte, damit du und deine Eltern zu Hause kontrollieren können, ob alles erledigt ist.

D ***4. Ringfinger***
Nimm auch Nachschlagewerke, Regelhefte, Lesepfeil, Zirkel, Geodreieck, Leimstift und was du sonst brauchst (Bastelmaterial, Schablonen usw.) mit nach Hause!

A ***5. Kleiner Finger***
Kontrolliere, ob du alle Sachen eingepackt hast, die du zu Hause benötigst.

Keine Panne mehr in der Schule mit der Fünf-Finger-Regel.
Merk dir das Wort **Panda**.
Panda hilft dir in Zukunft, an das Wichtigste in der Schule zu denken. Lerne das Folgende wie ein Gedicht auswendig und orientiere dich an deinen Fingern, damit du nichts vergisst.

P Pass in der Schule gut auf!
A Arbeite zügig!
N Noch alle Hausaufgaben einschreiben!
D Das benötigte Material einpacken!
A Alles kontrollieren!

Selbstverantwortung

Rund um die Werkstattarbeit

Erkundigen Sie sich nach dem Thema der Lernwerkstatt und den Ergebnissen Ihres Kindes. Es freut sich sicher, wenn Sie sich dafür interessieren.

Ermuntern Sie Ihr Kind, auch nicht obligatorische Aufgaben bzw. Wahlaufgaben zu lösen.

Ermuntern Sie es, auch schwierige Aufgaben in Angriff zu nehmen.

Zeigen Sie Freude, wenn das Kind mehr als das Minimum erledigt.

Werkstattarbeit leichter gemacht

Tipps:

- Erledige immer zuerst die Pflichtaufgaben.

- Nimm auch mal eine Aufgabe oder ein Arbeitsblatt mit nach Hause zum Weiterarbeiten, wenn du merkst, dass du in der Schule zu langsam warst.

- Löse von den freiwilligen Aufgaben so viele wie möglich.

- Stell für dich selbst einen Rekord auf: Beim letzten Mal habe ich von 12 Aufgaben 6 gelöst, dieses Mal schon 8.
  So kannst du dir selbst auf die Schulter klopfen.
  Sag es deiner Lehrerin, wenn du dich verbessert hast. Sie freut sich bestimmt mit dir.

- Suche selbst Partner für deine Gruppenarbeiten. Lass nicht zu, dass dich die andern Kinder vergessen, nur weil du zurückhaltend bist.
  Geh freundlich auf die andern zu und lass dich nicht entmutigen, wenn sie dich abweisen.
  Wenn du ein freundliches Gesicht machst, bist du beim Partnersuchen erfolgreicher.

- Angefangene Aufgaben legst du ins Fach, unter deinen Schreibtisch oder ins entsprechende Mäppchen. Sind es Puzzles oder große sperrige Spiele, so frag deine Lehrerin, wo du sie platzieren und mit deinem Namen versehen kannst.
  Fertig gelöste Arbeitsblätter legst du in die Ablage, die dafür vorgesehen ist. Vielleicht hast du sogar eine Ablage mit deinem Namen. Dann pass auf, dass du das Arbeitsblatt unter deinem Namen und nicht unter einem anderen Kind ablegst.
  Denk daran: Deutsch gehört zu Deutsch, Mathe zu Mathe, Sachunterricht zu Sachunterricht usw.
  Wenn du nicht weißt, zu welchem Fach ein Blatt gehört, so frag nach. Leg es auf keinen Fall irgendwo ab, sonst findest du es vielleicht nicht mehr.
  Und das wird ziemlich ärgerlich.

Rund um Hausaufgaben und Üben (1)

Soll Ihr Kind zusätzlich zu den Hausaufgaben üben? Wenn ja, machen Sie ihm klar, warum zusätzliches Üben für eine bestimmte Zeit notwendig ist (Aufholen von Stoff, Festigen einer Fertigkeit). Was wird geübt? Dabei auf Wichtiges beschränken, meist braucht nur in den Hauptfächern zusätzlich trainiert zu werden, zum Beispiel lautes Lesen oder das Einmaleins.

Pro Schuljahr und Woche rechnet man zirka 60 Minuten Hausaufgabenzeit. Diese Zeit wird auf die Anzahl Tage der Woche verteilt.
Zum Beispiel ein Kind in der 3. Klasse: 3-mal 60 Minuten = 180 Minuten pro Woche. Tägliche Hausaufgabenzeit: 30 Minuten plus ausgehandelte Trainingszeit.

Üben Sie nicht stundenlang mit Ihrem Kind, das demotiviert!

Üben Sie mit Ihrem Kind zu einem vereinbarten Termin, den Sie im Stundenplan für zu Hause eintragen. So weiß das Kind, dass es üben muss, wie lange es üben muss und wann. Das gibt Sicherheit und erübrigt Diskussionen. Handeln Sie mit Ihrem Kind die Abmachung aus und halten Sie sich daran. Seien Sie ein verlässlicher Partner! Täglich 10–20 Minuten üben bringt mehr als 1-mal zwei Stunden lang.

Rund um Hausaufgaben und Üben (2)

Stellen Sie zu Beginn der Hausaufgaben fest, ob Ihr Kind die Hausaufgabe versteht. Das spart Zeit und das Kind wird nicht zusätzlich entmutigt. Wenn es die Aufgabe nicht versteht, so fragen Sie es nach dem Grund. Lassen Sie sich vom Kind die Aufgabe erklären. Meist versteht das Kind dann die Aufgabe, weil es sie erklären konnte. Wenn das Kind gar nicht weiter weiß, so geben Sie Hilfestellungen in Form von Fragen, zum Beispiel: Was kommt in der Matheaufgabe vor? Was ist gesucht? Wie hast du ähnliche Aufgaben in der Schule gelöst?

Sagen Sie Ihrem Kind, dass es jederzeit fragen darf, wenn es Schwierigkeiten mit einer Aufgabe hat. Lassen Sie allerdings nur Fragen zu, wenn das Kind vorher selbstständig nachgedacht und überlegt hat. Wenn Sie ruhig daneben sitzen oder in der Nähe sind, kommt das Kind meist allein auf die Lösung, weil es sich entspannt und weil es weiß, dass es Hilfe holen könnte, wenn es sie wirklich bräuchte. Wenn Ihr Kind blockiert ist, weil es der Meinung ist, die Aufgabe sei zu schwierig, ermuntern Sie es, ausnahmsweise mit den einfacheren Aufgaben zu beginnen, damit es sich entspannen kann.

Wenn Ihr Kind viel zu lange an den Hausaufgaben sitzt und absolut zu keinem Ergebnis kommt, brechen Sie ab und geben Sie ihm eine Information an die Lehrkraft mit.

Belohnen

Belohnen und Verstärken

Denken Sie gut über das Kind nach. Was braucht es? Was macht ihm Freude?
In der heutigen Zeit sind „Zeitgeschenke“ oft die schönsten.

Mit Belohnungen, die das Kind bei erfolgreichem Arbeiten erhält, wird wünschenswertes Verhalten Ihres Kindes verstärkt.
Mit einem Belohnungsplan (siehe KV Belohnungsplan), den die Eltern eventuell beim Hauseingang aufhängen können, wird eine Woche lang gearbeitet. Sind nach einer Woche überall Smileys oder Käferchen drin, so bekommt das Kind den ausgehandelten Preis.
Solche Belohnungspläne, auch Verstärkungspläne genannt, haben den Vorteil, dass Kinder machen, was sie sollen und nicht dauernd „herumdiskutieren“. Und über die Belohnung freuen sie sich dann echt. So haben sie auch das Warten gelernt, was ein positiver Nebeneffekt ist. Man weiß, dass Kinder, die es gelernt haben geduldig zu sein, später höhere Ziele erreichen.

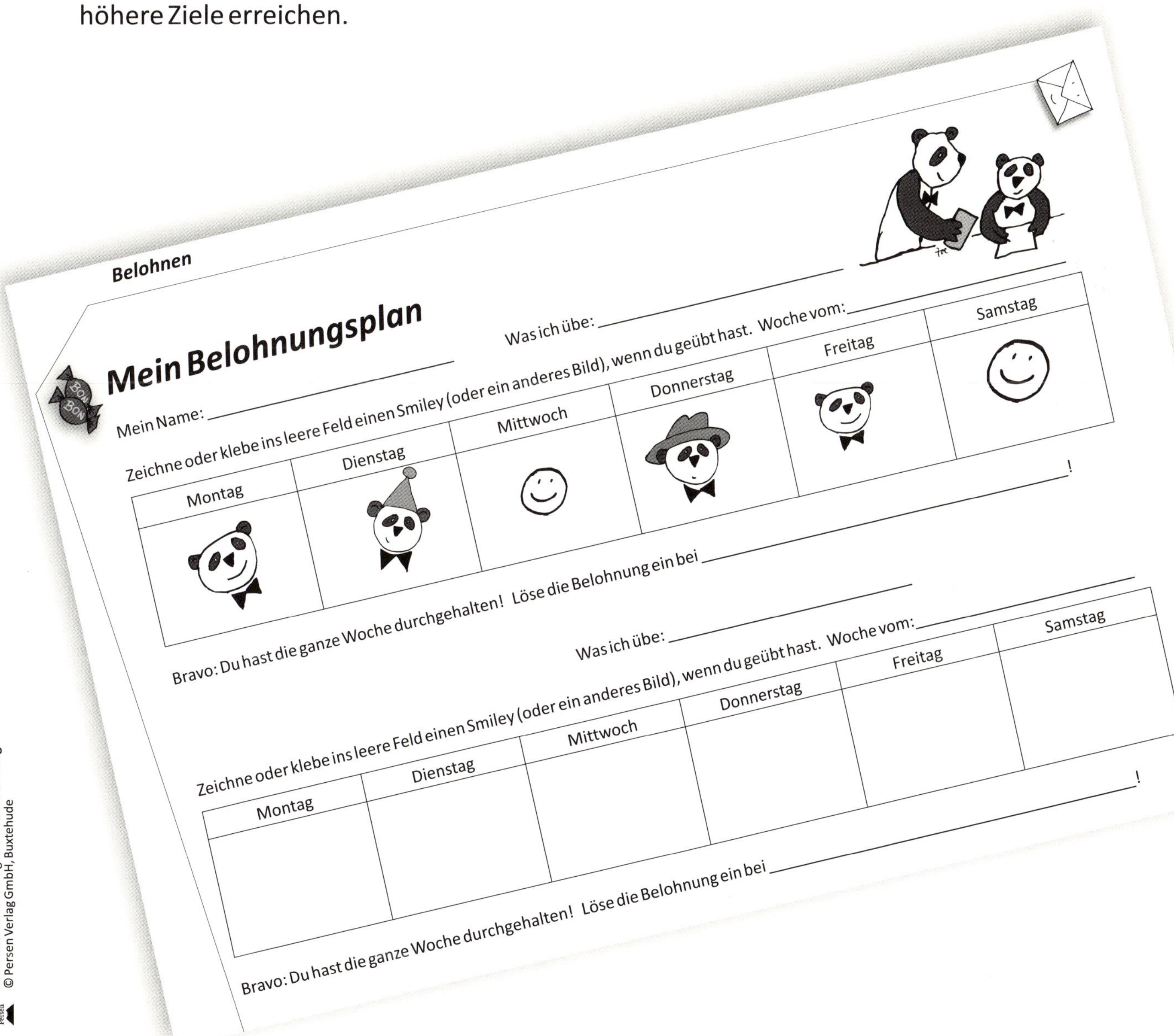
Belohnen

Mein Belohnungsplan

Mein Name: ____ Was ich übe: ____

Zeichne oder klebe ins leere Feld einen Smiley (oder ein anderes Bild), wenn du geübt hast. Woche vom: ____

Montag	Dienstag	Mittwoch	Donnerstag	Freitag	Samstag

Bravo: Du hast die ganze Woche durchgehalten! Löse die Belohnung ein bei ____!

Was ich übe: ____

Zeichne oder klebe ins leere Feld einen Smiley (oder ein anderes Bild), wenn du geübt hast. Woche vom: ____

Montag	Dienstag	Mittwoch	Donnerstag	Freitag	Samstag

Bravo: Du hast die ganze Woche durchgehalten! Löse die Belohnung ein bei ____!

Wie belohne ich mein Kind?

sinnvoll
Sie kennen Ihr Kind und wissen, woran es sich erfreut. Vielleicht erfüllen Sie ihm einen lang ersehnten Wunsch.

wertschätzend
Das Kind soll spüren, dass Sie seine Anstrengung sehen und schätzen. Sagen Sie ihm, dass auch Ihnen nicht immer alles auf Anhieb gelingt.

animierend
Das Kind soll sich auf weitere Belohnungen freuen. Vielleicht sammelt es bei Ihnen Punkte für einen besonderen Ausflug mit Ihnen.

nachhaltig
Die Erinnerung an den Erfolg des Lernens und die evtl. bessere Note gibt Mut für eine erneute Anstrengung.

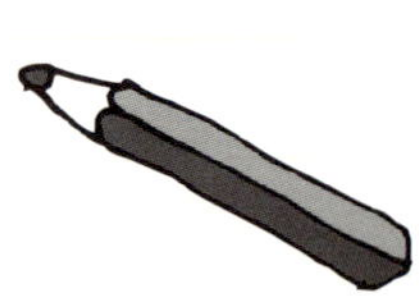

spärlich
Belohnen Sie nur wirklich gute Leistungen bzw. richtige Anstrengungsbereitschaft. Wenn sich das Kind echt angestrengt hat, bekommt es eine Belohnung unabhängig von der Note.

Vorschläge für Belohnungen

Überlegen Sie, woran Ihr Kind Freude hat. Sie kennen es am besten.

Schenken Sie Zeit für gemeinsame Erlebnisse mit Ihnen,
wie zum Beispiel zusammen spielen, einen Ausflug machen, gemeinsames Basteln, das Erzählen oder Vorlesen einer Geschichte!

Bereiten Sie das Lieblingsmenü oder Wunschessen oder eine extra feine Zwischenmahlzeit zu!

Schenken Sie schöne Radiergummis, Spitzer, Stifte ...

Bringen Sie ein Rätselheft mit.

Leihen Sie mit Ihrem Kind etwas aus, in der Bibliothek, Videothek oder Ludothek: kindergerechte DVD/ Videos, Spielsachen, Games oder Bücher ...

Mein Belohnungsplan

Mein Name: ____________________ Was ich übe: ____________________

Zeichne oder klebe ins leere Feld einen Smiley (oder ein anderes Bild), wenn du geübt hast. Woche vom: ____________________

Montag	Dienstag	Mittwoch	Donnerstag	Freitag	Samstag

Bravo: Du hast die ganze Woche durchgehalten! Löse die Belohnung ein bei ______________________________!

Was ich übe: ____________________

Zeichne oder klebe ins leere Feld einen Smiley (oder ein anderes Bild), wenn du geübt hast. Woche vom: ____________________

Montag	Dienstag	Mittwoch	Donnerstag	Freitag	Samstag

Bravo: Du hast die ganze Woche durchgehalten! Löse die Belohnung ein bei ______________________________!

Weitere Hilfen

Weitere Hilfen für die Lehrkraft

- Sollten Ihnen die vorliegenden Tipps nicht genügen, so holen Sie sich weitere Beratung beim Schulpsychologischen Dienst oder bei der Schulsozialarbeitsstelle.

- Auf Eltern-Beratungsstellen erhalten Sie weitere Erziehungshilfen, die Sie den Eltern weiterleiten können.

- Kurse und Vorträge werden von verschiedenen Institutionen und Trägern angeboten.
  Fragen Sie in der Schule, bei dem Sozialdienst oder in Ihrer Kirchengemeinde nach.

- Ermuntern Sie Eltern, Kurse in der Umgebung zu besuchen.

Geben Sie den Eltern die Adressen der Beratungsstellen schriftlich ab.
So werden die Fachstellen nicht verwechselt.

Individuelle Adressen und Telefonnummern von Beratungsstellen in meiner Region:

____

____

____

____

Beratungsstellen in der Region

Nachwort

Liebe Lehrkräfte, Elternberater, Schulpsychologen und Erzieher,

dieses Heft soll Ihnen Ihren ohnehin schon ausgefüllten Alltag erleichtern helfen.

In meiner jahrelangen Tätigkeit als Lehrerin, Heilpädagogin, Mutter, Nachbarin und Großmutter habe ich immer wieder mit Kindern zu tun. Ich habe hautnah erlebt, wo der Schuh drückt. Ich kenne die Schwierigkeiten und Forderungen der Schule und die Sicht der Eltern.
Es ist mir ein Anliegen zu zeigen, dass mit einfachen Veränderungen und Abmachungen zwischen den beteiligten Parteien Eltern/Kind und Lehrkraft viele Schwierigkeiten gar nicht erst aufkommen müssen.

Gegenseitiges Verständnis für die jeweilige „andere Seite" in der heutigen komplexen Welt mit ihren unzähligen Forderungen erleichtert allen das Leben.
Am meisten profitiert das Kind davon.
Denn wenn es spürt, dass sich die Menschen in seiner Umgebung verstehen, fühlt es sich wohl.

Ich wünsche Ihnen viel Freude und Erfolg in der Elternberatung.

Charlotte Laetsch-Bregenzer